Bibliografische Information der Deutschen Nationalbibliothek:

Die Deutsche Bibliothek verzeichnet diese Publikation in der Deutschen National-bibliografie; detaillierte bibliografische Daten sind im Internet über http://dnb.d-nb.de/ abrufbar.

Impressum:

Copyright © 2017 GRIN Verlag, Open Publishing GmbH
Druck und Bindung: Books on Demand GmbH, Norderstedt Germany
ISBN: 9783668503021

Dieses Buch bei GRIN:

http://www.grin.com/de/e-book/371791/sportanlagen-und-sportstaettenmanage-ment-finanzierung-betrieb-und-digitale

Marius Haeckel

Sportanlagen- und Sportstättenmanagement. Finanzierung, Betrieb und digitale Vermarktung von Sportanlagen

GRIN Verlag

GRIN - Your knowledge has value

Der GRIN Verlag publiziert seit 1998 wissenschaftliche Arbeiten von Studenten, Hochschullehrern und anderen Akademikern als eBook und gedrucktes Buch. Die Verlagswebsite www.grin.com ist die ideale Plattform zur Veröffentlichung von Hausarbeiten, Abschlussarbeiten, wissenschaftlichen Aufsätzen, Dissertationen und Fachbüchern.

Besuchen Sie uns im Internet:

http://www.grin.com/

http://www.facebook.com/grincom

http://www.twitter.com/grin_com

Deutsche Hochschule für

Prävention und Gesundheitsmanagement

66123 Saarbrücken

Einsendeaufgabe

Fachmodul:	Sportanlagen- und Sportstättenmanagement
Studiengang:	BSÖ
Datum **Präsenzphase**	**29.05.-01.06.2017**
Name, Vorname:	Haeckel, Marius Alexander
Studienort:	**Hamburg**
Semester:	**WS14**

Inhaltsverzeichnis

1 Sportanlagen- und Sportstättenbau

Tab. 1: PLANNET

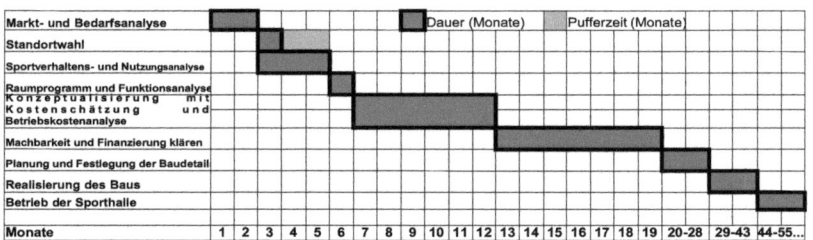

	1	2	3	4	5	6	7	8	9	10	11	12	13	14	15	16	17	18	19	20-28	29-43	44-55...
Markt- und Bedarfsanalyse								Dauer (Monate)				Pufferzeit (Monate)										
Standortwahl																						
Sportverhaltens- und Nutzungsanalyse																						
Raumprogramm und Funktionsanalyse																						
Konzeptualisierung mit Kostenschätzung und Betriebskostenanalyse																						
Machbarkeit und Finanzierung klären																						
Planung und Festlegung der Baudetail																						
Realisierung des Baus																						
Betrieb der Sporthalle																						
Monate	1	2	3	4	5	6	7	8	9	10	11	12	13	14	15	16	17	18	19	20-28	29-43	44-55...

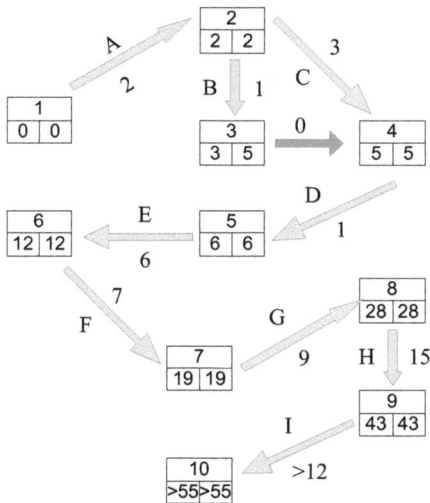

Abb. 1: Netzplantechnik

Der Bau der Sportanlage kann frühstens nach 43 Monaten begonnen werden.

2 Kommunale Sportentwicklungsplanung

2.1 Grundformel zur Berechnung des Sportstättenbedarfs

Die allgemeine Formel zur Berechnung des Sportstättenbedarfs ist in folgender Abbildung dargestellt.

$$\frac{Sportbedarf\,(Sportler \times H\ddot{a}ufigkeit \times Dauer) \times Zuordnungsfaktor}{Belegungsdichte \times Nutzungsdauer \times Auslastungsfaktor} = Sportst\ddot{a}ttenbedarf$$

Abb. 2: Grundformel zur Ermittlung des Sportstättenbedarfs (BISP, 2000)

Im Folgenden werden die einzelnen Parameter der Grundformel beschrieben.

Der Sportbedarf setzt sich aus den Parametern Sportler, Häufigkeit und Dauer zusammen. Sportler sind all diejenigen Personen, die das Bestreben haben eine Sportanlage zu nutzen. Die Häufigkeit beschreibt die Anzahl an Sportausübungen pro Woche, wobei die Dauer den durchschnittlichen Zeitaufwand des Sportlers für seine Sportart angibt.

Der Zuordnungsfaktor wird durch den Anteil des Sportbedarfs einer jeweiligen Sportart beschrieben, die an einer planungsrelevanten Sportstätte ausgeübt wird. Der Wert liegt immer zwischen 0 und 1.

Die Belegungsdichte gibt an, wie viele Sportler durchschnittlich gleichzeitig eine Sportstätte bzw. ein Spielfeld nutzen. Die Nutzungsdauer gibt die Zeit an, wie lange die Sportstätte pro Woche (Montag bis Freitag) im Durchschnitt genutzt wird (Hübner & Wulf, 2008, S. 10-11). Hierbei ist zu beachten, dass nur die Zahlen der Nutzungszeit unter der Woche beachtet werden, denn „Zeiten, in denen Sportanlagen am Wochenende für Wettkämpfe genutzt werden, (sollen) nicht in die Nutzungsdauer eingerechnet werden" (Bundesinstitut für Sportwissenschaft, 2000, S. 27). Der Wert des Auslastungsfaktors bezieht sich auf die theoretische zur Verfügung stehenden Stunden, welche tatsächlich ausgelastet sind und setzt die maximale Auslastung zur Ist-Auslastung in Relation (Hübner & Wulf, 2008, S. 11). „Dieser Rechenwert, der den Grad der zu erreichenden Auslastung von Sportanlagen angibt, ist letztendlich normativ zu setzen; er muss u.a. die Besonderheiten der jeweiligen Sportart mit berücksichtigen" (Hübner & Wulf, 2008, S. 11).

2.2 Berechnung des Sportstättenbedarfs

$$\frac{(15000\,x\,1{,}7\,x\,1{,}5)\,x\,0{,}5}{25\,x\,30\,x\,X} = 70$$

$$\frac{38250\,x\,0{,}5}{25\,x\,30\,x\,X} = 70$$

$$\frac{19125}{750X} = 70$$

$$19125 = 52500X$$

$$\frac{19125}{52500} = X$$

$$0{,}364 = X$$

Der Auslastungsfaktor beträgt 0,36. Der Sportbedarf beträgt 38.250.

2.3 Förderinteressen

Mit der gegebenen Aussage kann nicht konform gegangen werden. Im Folgenden werden sowohl die Förderinteressen des Bundes als auch der Bundesländer und Kommunen dargestellt.

Die Bundesregierung hat ein Interesse an der Förderung des Spitzensports, da dieser eine größere Repräsentationswirkung für die Bundesrepublik Deutschland hat als der Breitensport. Durch gutes Abschneiden in internationalen Wettbewerben wie der Fußball-WM oder bei Olympia kann Deutschland im sportlichen Sinne an Ansehen gewinnen. Deshalb müssen von Seiten der Bundesregierung allen Spitzensportlern optimale Trainingsbedingungen, Trainingsequipment sowie Wettkampfvorbereitung mit Einbezug wissenschaftlicher Erkenntnisse sichergestellt werden. Durch gutes Abschneiden des deutschen Spitzensports in internationalen Wettbewerben, verkörpern diese eine Vorbildfunktion für alle Altersschichten, behinderte und nicht behinderte Menschen, sodass Menschen den Athleten nacheifern (BMI, 2017a). „Organisationen, Verbände oder Einrichtungen des Sports sind grundsätzlich verpflichtet, für die Finanzierung ihrer Aufgaben eigene Einnahmen zu erzielen. Haushaltsrechtlich haben sie zunächst alle Finanzierungsmöglichkeiten auszuschöpfen, bevor eine Förderung durch den Bund in Anspruch genommen werden kann. Finanzielle Unterstützung durch die Bundesregierung kann es nur ergänzend geben ("Subsidiaritätsprinzip")" (BMI, 2017b). Die Finanzierung regelmäßiger Instandsetzungsmaßnahmen an Sportanlagen des Spitzensports von Seiten des Bundes entfällt aufgrund des „Subsidiaritätsprinzips" ebenfalls (Plünnicke & Schlaffke, 2016, S. 47). Die einzige Ausnahme stellt das Bundesleistungszentrum in Kiembaum dar, welches seit 1995 Eigentum der Bundesrepublik Deutschland ist (Trägerverein Bundesleistungszentrum Kienbaum e.V., 2017).

Einzelne Anlagen des Spitzensports befinden sich in unterschiedlichen Bundesländern. Je höher die Attraktivität eines einzelnen Standortes, desto eher fließen weitere Bundesmittel in die jeweiligen Sportanlagen. Deshalb besteht von Seiten der Bundesländer und Kommunen ein Interesse in der Förderung solcher Anlagen. Die Bundesländer und Kommunen sehen die Förderung des Breitensports hingegen als gesamtstaatliche Aufgabe, da möglichst gleiche strukturelle Bedingungen zur Sportausübung geschaffen werden sollen (Plünnicke & Schlaffke, 2016, S. 49). Breitensport ist der Freizeitsport von Alt und Jung, der Schulsport und der Behindertensport (Ministerium für Familie, Kinder, Jugend, Kultur und Sport des Landes Nordrhein-Westfalen, 2012). Jedem Menschen der jeweiligen Kommune oder des jeweiligen Bundeslandes soll ein einfacher Zugang zum Sport gewährleistet werden. „Sport leistet einen nicht zu unterschätzenden Beitrag in der Entwicklung der Bewegung, der sozialen Kompetenz und der Gesundheit. Er fördert den Gemeinschaftssinn und die Verständigung, besonders Kinder und Jugendliche erlernen bei der Ausübung von Sport innerhalb eines Vereins soziale Kompetenz. Sportförderung ist auch Gesundheitsvorsorge" (Ministerium für Familie, Kinder, Jugend, Kultur und Sport des Landes Nordrhein-Westfalen, 2012).

3   Finanzierung und Betrieb von Sportanlagen

3.1 Investition und Finanzierung

Es sei anzumerken, dass in folgender Tabelle die Zinsfaktoren als Dezimalzahl dargestellt sind.

Tab. 2: Kapitalwertmethode

Jahre	Einzahlungen	Zinsfaktor	Barwert	Auszahlungen	Zinsfaktor	Barwert	Differenz der Barwerte
1	62420,17	0,952380952	59447,78095	100000	0,952380952	95238,0952380952	-35790,3142857143
2	69983,19	0,907029478	63476,81633	103000	0,907029478	93424,0362811791	-29947,2199546485
3	78680,67	0,863837599	67967,32102	106090	0,863837599	91644,5308282043	-23677,2098045568
4	88682,77	0,822702475	72959,53435	109272,7	0,822702475	89898,9207171909	-16939,3863667916
5	100185,18	0,783526166	78497,71002	112550,88	0,783526166	88186,5595390515	-9688,849516699
Summe							-116042,97992841

Anfangsinvestition: 3.000.000,-€

Kapitalwert	-116042,98-3000000=	-3116042,98

Der Kapitalwert der Investition beträgt -3.116.042,98

3.2 Auslastungsanalyse

Tab. 3: Auslastungsanalyse

Belegungs-Zeitraum	Stunden	Sportart	Belegungsdichte	
			Ist	Soll
Montag: 17-18.30Uhr	1,5	Handball	16	12
Dienstag: 20-21.30 Uhr	1,5	/	0	20
Mittwoch: 19-21.30 Uhr	2,5	Basketball	15	20
Donnerstag: 20-22 Uhr	2	Fußball	20	18
Freitag: 19-20 Uhr	1	Badminton	5	15
Summe	8,5		56	85

			Auslastung	
			Ist	Soll
Ist-Nutzungsdauer (Std/Wo)			7	
Soll-Nutzungsdauer (Std/Wo)				8,5
Ist-Sportler insgesamt (Spo)			56	
Soll-Sportler insgesamt (Spo)				85
Ist-Sportlerstunden insgesamt (Spo x Std/Wo)			106,5	
Soll-Sportstunden insgesamt (Spo x Std/Wo)				149
Auslastung in %			71,48%	
Maximale Nutzungskapazität			80%	
Nutzungskapazität Potenzial			8,52%	

Im Folgenden werden die Rechenwege der einzelnen Parameter dargestellt.

Tab. 4: Berechnungen

Parameter	Rechnung
Ist-Nutzungsdauer	1,5+2,5+2+1=7 Stunden
Soll-Nutzungsdauer	1,5+1,5+2,5+2+1=8 Stunden
Ist-Sportler	16+15+20+5=56 Sportler
Soll-Sportler	12+20+20+18+15=85 Sportler
Auslastung	• (1,5x16+2,5x15+2x20+1x5): (1,5x12+1,5x20+2,5x20+2x18+1x15)=0,7148 • 0,7148x100=71,48 %
Kapazitätsreserve	80,00-71,48= 8,52 %

Betrachtet werden müssen die Punkte der „Ist-Nutzungsdauer", welche die tatsächlich genutzten Zeiträume in Stunden pro Woche darstellen sowie die „Soll-Nutzungsdauer", die die möglich zu nutzenden Zeiträume in Stunden pro Woche angibt (Bach, 2004, S. 104). Für die „Ist-Nutzungsdauer" werden die Nutzungszeiträume unter der Woche (Montag bis Freitag) addiert und diejenigen Stunden abgezogen, wo keine Belegung eingeplant ist und die „Ist-Belegungsdichte" dementsprechend null ist. Zu beobachten ist dies in Tabelle 3 an dem Dienstag. Die „Ist-Nutzungsdauer" kann nun mit der „Soll-Nutzungsdauer", für die jeweils alle Nutzungszeiträume addiert werden, abgeglichen werden. Um zu schauen wie viele Sportler über die Woche in den Nutzungszeiträumen anwesend waren und tatsächlich erwartet wurden, werden die Posten „Ist-Sportler insgesamt" und „Soll-Sportler insgesamt" miteinander verglichen.

Zur Ermittlung der Auslastung in % werden die „Ist-Sportlerstunden insgesamt" durch die „Soll-Sportlerstunden insgesamt" geteilt und mit 100 multipliziert. Die „Ist-Sportlerstunden insgesamt" ergeben sich aus der Multiplikation der Nutzungszeiträume eines jeweiligen Wochentages mit der „Ist-Belegungsdichte" des selben Wochentags. Die „Ist-Belegungsdichte" beschreibt Anzahl der gleichzeitig in einem Zeitraum anwesenden Sportler nach Sportart und Leistungsstufe (Bach, 2004, S. 104). Gleichermaßen wird bei den „Soll-Sportlerstunden insgesamt" vorgegangen, nur das die Nutzungszeiträume der jeweiligen Tage mit der „Soll-Belegungsdichte" des selben Tages multipliziert werden. Die „Soll-Belegungsdichte" ist die mögliche Anzahl der gleichzeitig in einem Zeitraum anwesenden Sportler nach Sportart und Leistungsstufe (Bach, 2004, S. 104). Die zuvor ermittelten Summen der einzelnen Tage werden in Folge dessen addiert und ergeben jeweils die „Ist-Sportlerstunden insgesamt" und „Soll-Sportlerstunden insgesamt".

Kalkuliert wird in dem gegebenen Beispiel mit einer maximalen Nutzungskapazität von 80 %, die mit der Auslastung der Anlage abgeglichen werden kann. Daraus ergibt sich in dem Beispiel eine Kapazitätsreserve von 8,52 %. Angestrebt werden sollte in der Regel eine möglichst kleine Kapazitätsreserve. Eine Auslastung von 100 % ist nahezu unmöglich, weil die Sportler nur zu bestimmten Zeiten Sport treiben können und wollen (Plünnicke & Schlaffke, 2016, S. 83).

3.3 Auslastungsoptimierung

Aus der Auslastungsoptimierung und durch eine Umstellung der gegebenen Sportarten resultiert eine Minderung der Kapazitätsreserve auf 4,83 %. Das bedeutet eine Verbesserung der Nutzung mit den gegebenen Kapazitäten. Zu keinem Zeitpunkt in der Woche kommt es nun mehr zu einer Überschreitung der Soll-Belegungsdichte, sodass alle Sportler genügend Platz zum Ausüben ihrer jeweiligen Sportart haben. Durch eine Steigerung der Attraktivität derjenigen Sportarten, welche mit der Ist-Belegungsdichte die Soll-Belegungsdichte nicht erreichen oder durch das Integrieren zusätzlicher Sportgruppen könnte man die Kapazitätsreserve weiter mindern.

Tab. 5: Auslastungsoptimierung

Belegungs-Zeitraum	Stunden	Sportart	Belegungsdichte	
			Ist	Soll
Montag: 17-18.30Uhr	1,5	Badminton	5	12
Dienstag: 20-21.30 Uhr	1,5	Basketball	15	20
Mittwoch: 19-21.30 Uhr	2,5	Fußball	20	20
Donnerstag: 20-22 Uhr	2	Handball	16	18
Freitag: 19-20 Uhr	1	/	0	15
Summe	8,5		56	85
			Auslastung	
			Ist	Soll
Ist-Nutzungsdauer (Std/Wo)			7,5	
Soll-Nutzungsdauer (Std/Wo)				8,5
Ist-Sportler insgesamt (Spo)			56	
Soll-Sportler insgesamt (Spo)				85
Ist-Sportlerstunden insgesamt (Spo x Std/Wo)			112	
Soll-Sportstunden insgesamt (Spo x Std/Wo)				149
Auslastung in %			75,17%	
Maximale Nutzungskapazität			80%	
Nutzungskapazität Potenzial			4,83%	

3.4 Nachhaltigkeit von Sportstätten

Der Nachhaltigkeitsbegriff in Bezug auf Sportstätten versteht sich unter der Realisie-
rung eines umwelt- und sozialverträglichen wirtschaftlichen Erfolgs mit Einbezug der
drei Nachhaltigkeitsdimensionen „Ökonomie", „Ökologie" und „Soziales" (Hauff &
Kleine, 2009, S. 17). In folgender Abbildung sind alle drei Nachhaltigkeitsdimensionen
dargestellt.

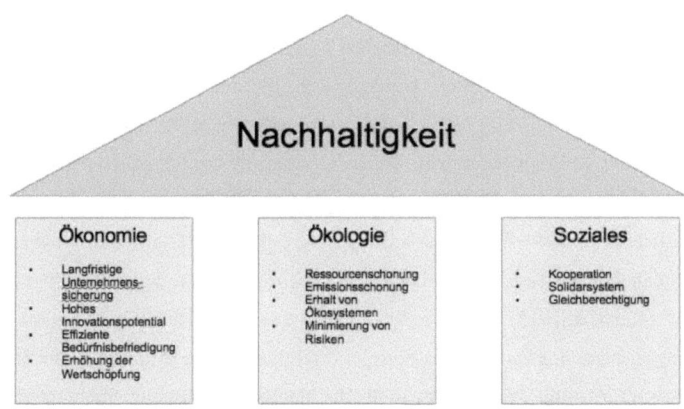

Abb. 3: Drei-Säulen-Modell der Nachhaltigkeit (modifiziert nach Hauff & Kleine, 2009, S. 49)

Die ökonomische Nachhaltigkeit lässt sich durch die Erhaltung und Steigerung der Leistungsfähigkeit sowie der Verbesserung der Wirtschaftlichkeit beschreiben. Die ökologische Nachhaltigkeit zielt hingegen auf die Frage, wie durch umweltschonende Maßnahmen Kosten gesenkt werden können oder ein Wettbewerbsvorteil erreicht werden kann (Corsten & Roth, 2012, S. 5). Als soziale Nachhaltigkeit wird der gerechte Zugang zu Grundbedürfnissen und Grundgütern (Toleranz, Solidarität, Gemeinwohlorientierung und der Rechts- und Gerechtigkeitssinn) sowie der Einbezug des Sozialkapitals (soziale Netzwerke, Vertrauen und Normen einer Gesellschaft) bezeichnet (Hauff, 1987, S. 21; Plünnicke & Schlaffke, 2016, S.).

Betrachtet man die aufgestellte These, so muss bei der Diskussion differenziert vorgegangen werden. Je nach Planung und Gegebenheiten können Olympische Spiele sogar nachhaltige Effekte aufweisen. Schaut man jedoch in die Vergangenheit, ist häufig das Gegenteil zu beobachten. Grundsätzlich kann man sagen, dass jede Großveranstaltung ihre Spuren hinterlässt, so nachhaltig die Umsetzung auch erfolgt sein mag.

Olympische Spiele bürgen vielerlei Risiken und Kosten. Für ein solches Großprojekt fallen zumeist hohe Kosten in mehrfacher Milliardenhöhe an, die den Haushalt der durchführenden Stadt und des Landes massiv belasten können. Am Beispiel von Hamburg, wo durch das Veto in der Bevölkerung keine Olympischen Spiele stattfanden, zeigt sich, dass nach Schätzungen zufolge allein für den Bau der Wettkampfstätten, des olympischen Dorfs, für die Durchführung der Spiele und die Sicherheitsmaßnahmen 6,5 Milliarden Euro eingeplant wären. Hinzu kommt die gesamtstädtische Beeinflussung durch die Spiele, welche zusätzliche Kosten verursacht hätten (Kasiske, 2015). „Die Hafenwirtschaft möchte fünf bis sieben Milliarden allein für den Umzug der Betriebe vom Kleinen Grasbrook. Allein die Erschließungskosten für die Elbinsel belaufen sich – laut einer städtischen Studie von 2009 – auf etwa 2,5 Milliarden Euro. Der Flughafen und der Hauptbahnhof müssten olympiatauglich gemacht werden, mit unbekanntem Kostenvolumen." (Kasiske, 2015). Die enormen Summen, die bei solchen Großveranstaltungen verschlungen werden, könnten zum Beispiel effektiver in den Bildungs- oder Sozialbereich fließen, um somit wirklich etwas für die Nachhaltigkeit einer Stadt zu tun. Setzt man hierzu die Bildungsausgaben Hamburgs in Relation, so betragen diese ca. 3,2 Milliarden Euro im Jahr (2015) (Blaeschke, Brugger & Schneider, 2016, S. 132). Somit könnten nur mit dem Budget der Durchführung der Spiele, dem Bau der Wettkampfstätten, des olympischen Dorfs und der Sicherheitsmaßnahmen die Bildungsausgaben von ca. 2 Jahren gedeckt werden.

In der Diskussion gibt es wiederum unterschiedliche Argumente. Die Befürworter solcher Großveranstaltungen betonen etwa die Bezuschussung einer Stadt durch den Staat für die Planung und Umsetzung der Spiele sowie neue Bauprojekte, die nachhaltig genutzt werden können und der städtischen Bevölkerung langfristig zu Gute kommen. Zusätzlich können große Einnahmen von Sponsoren generiert werden. Am Beispiel von Barcelona 1992 zeigt sich, dass durch die erfolgreiche Stadtsanierung und den Bau eines Olympischen Dorfes entlang der Küste ein komplett neues Stadtviertel gewonnen und die Verkehrsinfrastruktur verbessert werden konnte (Hönicke, 2012). Ob eine solche Verbesserung ohne olympische Spiele auch so oder sogar effizienter passiert wären, sei dahingestellt. Zumindest haben die Spiele einen großen Impuls gegeben, um so etwas in Gang zu bringen.

Bei den Olympischen Spielen 2012 in London gingen die Kosten ebenfalls in die mehrfache Milliardenhöhe. Für die Durchführung der Spiele wurde die LOCOG (London Organisation Committee of the Olympic Games) mit 2 Milliarden Pfund geschaffen. Das Geld wurde hingegen zu 100 % durch anteilige Fernsehgebühren, Eintrittskarten und

Sponsorengeldern refinanziert. Für die Planung, Vorbereitung und Erstellung der Infrastruktur wurde die ODA (Olympic Delivery Authority) mit einem Budget von 9,1 Milliarden Pfund ausgestattet, wovon 2,8 Milliarden Pfund an Rückstellungen unangetastet zurück an das Finanzministerium gingen (Grewe, 2012, S. 42). Das Beispiel zeigt noch einmal den hohen Kostenaufwand solcher Großveranstaltung und mit welch großen Summen hantiert wird. Obwohl bei den Spielen das Thema „Nachhaltigkeit" groß angepriesen wurde, mussten durch die Finanzierung andere gemeinnützige Projekte zurückgefahren werden. Die Unsummen hätten auch hier in nachhaltigere Projekte fließen können, zumal die wirtschaftlichen Effekte von Olympischen Spielen zumeist nur kurzfristig und die langfristigen ökonomischen Effekte marginal sind. Erwartungen sind häufig zu hoch angesetzt und werden dementsprechend nicht erfüllt (Stettler, 2000, S. 27).

Die Planung der Spiele 2012 wollte die Fehler der Vergangenheit vermeiden, in welcher der architektonische Gigantismus oftmals vor der Nachhaltigkeit stand, wodurch hohe Folgekosten für die jeweiligen Städte und Länder entstanden. Durch temporäre und kostengünstige Infrastruktur und Stadien, wurde versucht in Sachen Nachhaltigkeit einen großen Schritt nach vorne zu machen (Grewe, 2012, S. 1-10). „Temporär" bedeutet hingegen auch die Logistik und den Transport vieler Materialien und Baustoffe, bei der die Dimension der ökologischen Nachhaltigkeit berücksichtigt werden muss. Auch die Logistik und der Transport der Menschen spielt hierbei eine große Rolle. Mit Olympischen Spielen kommen tausende von Menschen in die Stadt, die z.B. mit Autofahrten und Langstreckenflügen sehr viel klimaschädliches CO_2 ausstoßen (Kasiske, 2015). Da helfen auch das Pflanzen von 3000 Bäumen vermutlich wenig. Fände Olympia nicht statt, würden alle dafür benötigten Bau- und Abbaumaßnahmen, der Transport der Unsummen an Menschen sowie die erhöhte Schadstoffbelastung, um nur einen kleinen Teil vieler Punkte zu nennen, wegfallen und man täte somit der Ökologischen Nachhaltigkeit einen größeren Gefallen.

Trotz dessen werden in näherer Zukunft weiterhin Olympische Spiele stattfinden. Diese gilt es dann so nachhaltig wie nur möglich zu gestalten und nur an Städte zu vergeben, die die nötigen Voraussetzungen dafür mitbringen. Olympia 2012 ist ein gutes Beispiel wie man solche Spiele nachhaltig durchführen kann. Daran sollten die zukünftigen Spiele anknüpfen. Über Masterplan 1, worin kostengünstige und temporäre Infrastruktur sowie Stadien hohe Bau- und Folgekosten vermeiden sollen und über Masterplan 2, worin die Zeit nach 2012 geregelt ist und die nachhaltige Nutzung der Bauten schon im Voraus gesichert ist, wurde versucht die Fehler der Vergangenheit zu vermeiden. Durch eine hohe Bürgerbeteiligung, intensive Informationsvermittlung und ständige Transparenz hat man eine große Akzeptanz in der Bevölkerung geschaffen und deren Bedürfnisse berücksichtigt (Grewe, 2012, S. 43). Durch ein effektives und effizientes Projektmanagement sowie durch zuvor genannter Punkte wurden neue Maßstäbe für die Durchführung von Großprojekten gesetzt. Um abschließend auf die These einzugehen, lässt sich trotz des positiven Verlaufs in London sagen, dass ein Nicht-Stattfinden von Olympia in vielerlei Hinsicht nachhaltiger ist, da die eingesetzten Mittel für solche Großereignisse effektiver und effizienter in wirklich nachhaltige Projekte gesteckt werden müssen. Nachhaltigkeit sollte mit all seinen drei Säulen im Alltag und bei Entscheidungsträgern der Politik auf der Tagesordnung stehen und nicht die Olympischen Spiele ein Vorwand sein, sich erst dann mit dieser Thematik zu beschäftigen.

4   Digitale Vermarktung von Sportanlagen und Sportstätten

Tab. 6: Möglichkeiten der Digitalisierung

Möglichkeit	Mehrwert Betreiber	Mehrwert Fans	Mehrwert Sponsoren
Catering-App	• Die Datensammlung der App-Nutzer ermöglicht das Optimieren eigener Leistungen und das Anbieten auf den Kunden abgestimmter Angebote • Höhere Effizienz im Bestellvorgang • Größerer Nutzen für den Kunden	• Besserer Service • Schnelle Abwicklung des Bestellvorgangs • Minderung der Wartezeiten • Kein Bargeld	• Nutzung als Werbeplattform • Durch die Datensammlung der App-Nutzer können Angebote bei der gewünschten Zielgruppe geschaltet werden • Minderung von Streuverlusten
LED-Werbebanden	• Die Zahl der Sponsoren kann durch wechselnde Sequenzen gesteigert werden • Mehreinnahmen	• Mehr Unterhaltung und Entertainment • Mehr Abwechslung	• Bessere Präsentation des eigenen Unternehmens oder Produkte durch kurze Animationen oder digitale Effekte • Größere Aufmerksamkeit durch bewegte Bilder
WLAN	• Die Datensammlung der WLAN-Nutzer ermöglicht das Optimieren eigener Leistungen und das Anbieten auf den Kunden abgestimmter Angebote • Bessere Abwicklung und Anwendung weite-	• Das WLAN ermöglicht die schnelle Nutzung des Internets, Austausch von Informationen und das Abrufen von Spielstatistiken und Livedaten • Bessere Abwicklung und Anwendung weite-	• Durch die Datensammlung der WLAN-Nutzer können Angebote bei der gewünschten Zielgruppe geschaltet werden • Minderung von Streuverlusten

Möglichkeit	Mehrwert Betreiber	Mehrwert Fans	Mehrwert Sponsoren
	rer Möglichkeiten der Digitalisierung wie Stadion- oder Catering-Apps	rer Möglichkeiten der Digitalisierung wie Stadion- oder Catering-Apps	
Digital-Seating	• Vermarktung von Werbeflächen • Größerer Nutzen für den Kunden • Schnellere Abwicklung bei der Sitzplatzzuordnung	• Besserer Service • Kürzere Wartezeiten durch digitale Abwicklung bei der Sitzplatzzuordnung	• Positiver Imagetransfer auf das eigene Unternehmen • Stärkung der Bindung zum Gesponserten als Partner

5 Literaturverzeichnis

Bach, L. (2004). Nutzung von Sportstätten - Formen der Nutzung und Analyse der Auslastung. In Landessportbund Hessen (Hrsg.), *Sportstätten-Management. Neue Wege für vereinseigene und kommunale Sportstätten* (Zukunftsorientierte Sportstättenentwicklung, Bd. 6, 1. Aufl., S. 97-112). Frankfurt: Meyer und Meyer.

Blaeschke, F., Brugger, P., & Schneider, B. (2016). *Bildungsfinanzbericht 2016. Im Auftrag des Bundesministeriums für Bildung und Forschung und der Ständigen Konferenz der Kultusminister der Länder in der Bundesrepublik Deutschland.* Wiesbaden: Statistisches Bundesamt.

Bundesministerium des Innern (BMI). (2017a). *Sport.* Zugriff am 03.06.2017. Verfügbar unter http://www.bmi.bund.de/DE/Themen/Sport/sport_node.html

Bundesministerium des Innern (BMI). (2017b). *Sportförderung.* Zugriff am 03.06.2017. Verfügbar unter http://www.bmi.bund.de/DE/Themen/Sport/Sportfoerderung/sportfoerderung_node.html

Bundesinstitut für Sportwissenschaft (BISP). (2000). *Leitfaden für die Sportstättenentwicklungsplanung.* Schorndorf: Hofmann-Verlag.

Corsten, H. & Roth, S. (2012). Nachhaltigkeit als integriertes Konzept. In H. Corsten & S. Roth (Hrsg.), Nachhaltigkeit - unternehmerisches Handeln in globaler Verantwortung (S. 1-14). Wiesbaden: Gabler.

Grewe, K. (2012). Die Olympischen Spiele von London 2012 als strategisches Ziel der Stadterneuerung und Vorbild einer effizienten Bürgerbeteiligung. *Stadtentwicklung, London 2012: Vorbild für Bürgerbeteiligung, 1,* 40-46.

Hauff, M. von & Kleine, A. (2009). *Nachhaltige Entwicklung. Grundlagen und Umsetzung.* München: Oldenbourg.

Hauff, V. (Hrsg.). (1987). *Unsere gemeinsame Zukunft. Der Brundtland-Bericht der Weltkommission für Umwelt und Entwicklung.*

Hönicke, C. (2012). *Was bringen Olympische Spiele?*. Zugriff am 10.06.2017. Verfügbar unter http://www.tagesspiegel.de/sport/analyse-was-bringen-olympische-spiele/6879774-all.html

Hübner, H. & Wulf, O. (2008). *Der Fußballsport in Bochum – Bedarfsanalyse.* Wuppertal. Zugriff am 02.06.2017. Verfügbar unter https://www.bochum.de/C12571A3001D56CE/vwContentByKey/W27GECHE214-BOLDDE/$FILE/BilanzierungFussball_aktuell_Bochum210408.pdf

Kasiske, F. (2015). *Acht Mythen rund um die Hamburger Olympia-Bewerbeung.* Zugriff am 12.06.2017. Verfügbar unter http://www.nolympia-hamburg.de/mythen.html

Ministerium für Familie, Kinder, Jugend, Kultur und Sport des Landes Nordrhein-Westfalen. (2012). *Breitensport in NRW,* Ministerium für Familie, Kinder, Jugend, Kultur und Sport des Landes Nordrhein-Westfalen. Verfügbar unter http://www.sportland.n-rw.de/sportpolitik/breitensport-in-nrw.html

Plünnicke, A. & Schlaffke, W. (2016). *Studienbrief Sportanlagen- und Sportstättenmanagement* (rev.16.010.000). Saarbrücken: Deutsche Hochschule für Prävention und Gesundheitsmanagement.

Stettler, J. (2000). *Ökonomische Auswirkungen von Sportgrossanlässen.* Literaturstudie, Institut für Tourismuswirtschaft Hochschule für Wirtschaft: Luzern

Trägerverein Bundesleistungszentrum Kienbaum e.V. (2017). *Kurze Chronik zum Sportzentrum Kienbaum,* Trägerverein Bundesleistungszentrum Kienbaum e.V. Zugriff am 04.06.2017. Verfügbar unter http://www.kienbaum-sport.de/de/ueber-uns/historie/

6 Abbildungs- und Tabellenverzeichnis

6.1 Tabellenverzeichnis

6.2 Abbildungsverzeichnis